DRINKING AROUND THE WORLD

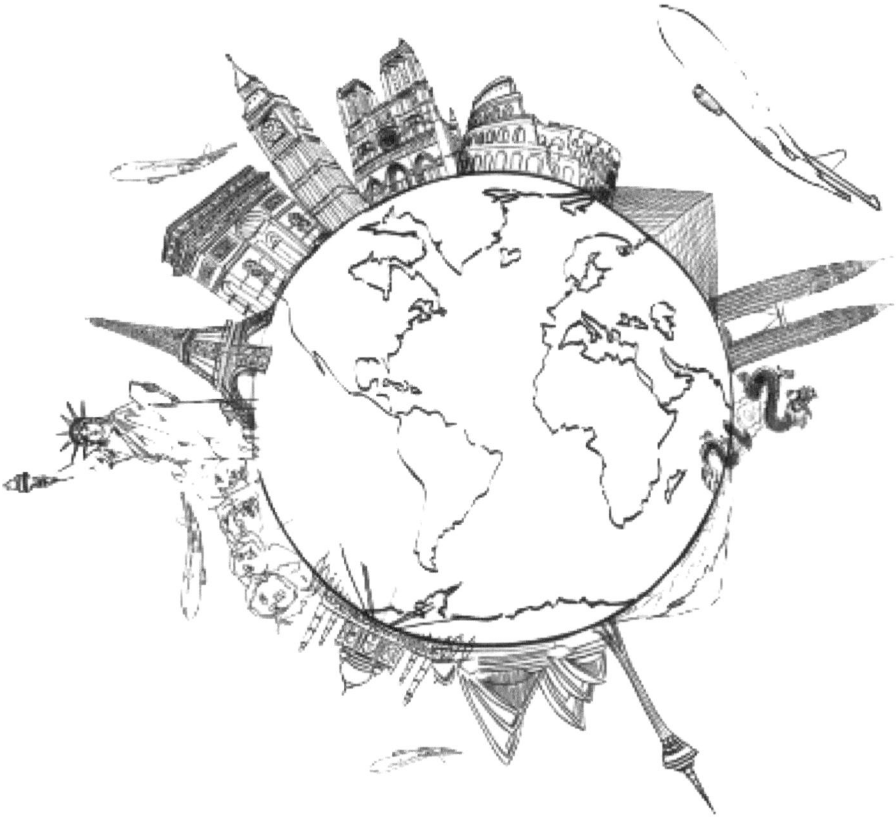

“La carne è piena di steroidi
La verdura è veleno
La frutta è insipida
Il pesce è contaminato
Fortuna che la tequila rimane sempre tequila.”

SOMMARIO

ETIMOLOGIA DELLA PAROLA E SIGNIFICATO

La parola aperitivo deriva dal latino "aperire" ovvero aprire, e in questo caso fa riferimento ad aprire lo stomaco a ricevere cibo; ciò che aiuterà il nostro stomaco sarà una bevanda solitamente a bassa gradazione alcolica. Già a partire dal V secolo il medico Ippocrate curava l'inappetenza con un vino bianco e dolce al cui interno erano presenti assenzio, miele e ruta. L'aperitivo, così come viene inteso oggi, nacque nel 1786 a Torino, nella stessa bottega in cui venne concepito e da cui si diffuse il Vermouth.

Con il passare del tempo si è perso il reale significato di questa parola e la maggior parte delle persone si sono convinte che l'aperitivo sia fatto di cibo a non finire e grandi quantità di alcool, ma in realtà non è corretto associare questo termine a grandi abbuffate; il vero aperitivo, infatti, è composto da una bevanda alcolica di gusto più amaro che dolce associato eventualmente a piccoli snack quali arachidi e olive.

Analizziamo

Ora cercheremo di capire quali prodotti alcolici e non, utilizzati in diverse parti del mondo, sono più adatti a questo rito e quali caratteristiche devono avere per stimolare il nostro appetito e predisporci al pasto.

I VINI

Questo alcolico, prodotto ormai in tutto il mondo, è presente in diversi gusti, odori e colori e ha davvero tante, tantissime sfaccettature e di certo possiamo definirlo il re degli aperitivi, soprattutto perché conosciuto da tutti ed anche perché presente come surrogato in molti prodotti alcolici. Possiamo trovarlo in diverse tonalità: rosso bianco e rosato. Nelle pagine sottostanti elencheremo un po' di vini rossi provenienti dal mondo per capire come si differenzia un vino da un altro. In questo libro tratteremo nello specifico solo i vini rossi, ma non vuol dire che le altre varietà siano meno importanti.

CHIANTI Il Chianti è uno dei vini rossi toscani più famosi. È il vino maggiormente conosciuto fuori Italia. Nella cucina toscana è un ingrediente essenziale per molte ricette, proprio come l'olio extravergine di oliva toscano. Esistono varie tipologie di Chianti, quello più forte, quello tendente allo speziato, quello erbaceo, ma tutti si rivelano perfetti da degustare davanti ad un piatto di spaghetti al pomodoro, carne alla brace o prosciutto toscano. In base al disciplinare del Chianti DOCG, il vitigno Sangiovese non può essere minore del 70%, mentre per il restante 30% ogni fattoria può scegliere qualsiasi altro vitigno (o mix di vitigni); l'importante è che essi siano autoctoni come nel caso del Canaiolo o del Colorino, o che siano coltivate nell'area di produzione del Chianti, come accade per il Cabernet Sauvignon, il Merlot e altri importanti vitigni.

CHIANTI CLASSICO I vini Chianti Classico sorprendono per la loro bontà ed estrema delicatezza; esistono quelli più tanninici, quelli più acidi, floreali o con sentori di ciliegia, more o nocciole. I vini Chianti Classico hanno aromi e gusti difficili da riprodurre, perché sono l'espressione diretta della terra in cui sono nati e cresciuti. Il Chianti Classico è una zona di produzione ristretta (che va da Firenze a Siena e che comprende 8 comuni: Greve in Chianti, San Casciano Val di Pesa, Castelnuovo Berardenga, Barberino Val d'Elsa, Castellina in Chianti, Radda in Chianti, Gaiole in Chianti). Quella del Chianti è estesa almeno 10 volte di più. Nel 2014 è stata introdotta una nuova categoria di Chianti Classico chiamata Chianti Classico Gran Selezione, di maggiore pregio della Riserva, perché fatta esclusivamente da vigneti controllati e confacenti ad una stretta regolamentazione. La Gran Selezione viene ottenuta solo dopo aver superato particolari test condotti da laboratori autorizzati e dopo l'approvazione da parte di un Commissione speciale che degusta il vino scelto.

BRUNELLO DI MONTALCINO Il Brunello di Montalcino è un famoso vino rosso toscano, prodotto nei territori che circondano il paese di Montalcino a circa 120 km a sud di Firenze. Il nome "Brunello", è il diminutivo dell'aggettivo "bruno", che significa marrone, ed è il nome che localmente è stato dato da secoli a questo vino e alla varietà di vigneti intorno a Montalcino. Il Brunello di Montalcino è 100% Sangiovese. La maggior parte dei produttori dividono la loro produzione in normale e riserva.

L'imbottigliato come normale viene messo sul mercato dopo circa 50 mesi dalla raccolta, mentre per le bottiglie riserva si attende almeno un anno in più (>62 mesi).

NOBILE DI MONTEPULCIANO Il Vino Nobile di Montepulciano è un vino rosso blend di Denominazione di Origine Controllata e Garantita prodotto nei territori che circondano il paese di Montepulciano, in Toscana (Italia). Il vino prodotto principalmente con vitigno Sangiovese – almeno per il 70% – (conosciuto localmente col nome di Prugnolo gentile), tagliato con vini a bacca rossa locali come il Canaiolo Nero (10%–20%) e altre varietà come il Mammolo.

CABERNET SAUVIGNON Il Cabernet Sauvignon è la varietà di vino rosso, forse, più popolare al mondo, soprattutto perché utilizzata per i più importanti blend. Il nome Sauvignon deriva dalla parola "Savage." Cabernet Sauvignon ha un colore rosso scuro. La produzione di vino è spesso associata all'invecchiamento in botti di quercia, ideali per migliorarne intensità, gusto e aromi, e dalle quali ottiene quel particolare e rinomato sentore tanninico. Il Cabernet Sauvignon è un vino realmente corposo, eccellente da degustare in abbinamento a carni arrosto, grigliate, pasta, volatili, formaggi dal gusto intenso, cioccolata, ecc.

MERLOT Il Merlot è un famoso vino rosso, riconosciuto per il suo particolare colore intenso che in alcuni casi tende al blu scuro mirtillo. A differenza del Cabernet Sauvignon, il Merlot possiede di solito un più basso sentore tanninico ed è più morbido. E' più portato agli aromi floreali, confermandosi uno dei vini più apprezzati dai diversi palati nel mondo. Data la sua resistenza, il vitigno Merlot riesce a crescere con successo in ogni parte del mondo, ma ha ottenuto il massimo in qualità nelle zone di Bordeaux (Francia), nel centro Italy e nel nord della California. Il Merlot è perfetto anche per i vini blend, ossia mix con altri vitigni, specialmente con Cabernet Sauvignon e Sangiovese. Sul palato, il Merlot fa esplodere le sue caratteristiche di freschezza, robustezza e aromi fruttati e floreali. Inspirando potrai sentire meravigliosi sentori di prugna, mirtillo e vaniglia.

IL BAROLO Il Barolo è il vino DOCG (Denominazione di Origine Controllata e Garantita) più famoso del Piemonte. È uno dei migliori vini rossi mono-vitigno (100% Nebbiolo) d'Italia. L'appellativo Barolo fu formalizzato nel 1966 per circoscrivere un'area precisa di produzione di circa 1.700 ettari, con particolare terroir e micro clima. Secondo il disciplinare DOCG, i vini Barolo sono composti al 100% da vitigno Nebbiolo. Storicamente però i produttori utilizzavano anche altri tipi di uvaggi come il Barbera, e oggi che il disciplinare non lo consente più, molti produttori non sono del tutto felici e talvolta creano dei loro vini blends (non riconosciuti come Barolo), tagliando il Nebbiolo con Barbera, Cabertnet Sauvignon, Merlot e Syrah. Dobbiamo infatti ricordare che già negli anni '90 i produttori di Barolo portarono avanti una petizione per trasformare il Barolo da mono-vitigno a blend (chiedendo di abbassare il Nebbiolo dal 100% al 90%) ma non ci riuscirono.

MALBEC Il Malbec non è originario dell'Argentina come molti pensano. Ha le sue origini in Francia ed ha il pregio e l'onore di essere il punto di riferimento (maggior componente) per le migliori varietà di Bordeaux. E' tutt'oggi utilizzato per i migliori blend di Bordeaux, ma lo sappiamo bene che il Malbec è diventato famoso da un po' di tempo grazie al suo utilizzo per i meravigliosi vini prodotti in sud america.

AMARONE VALPOLICELLA L'Amarone è uno dei vini rossi italiani che negli ultimi anni sta ottenendo maggiore interesse da parte del pubblico estero. Viene prodotto in Valpolicella, un'area della Regione Veneto (Nord Est d'Italia). E' sufficiente pensare a Verona e a Romeo e Giulietta per immaginare l'ambientazione di questo meraviglioso vino. L'Amarone è un vino corposo, secco, fresco e di alta gradazione (15-16%), un vino complesso e profondo con una concentrazione di molti aromi. Il miglior Amarone è prodotto da uve nelle aree collinari, dove ci sono suoli poveri che spingono le radici della vite a scavare in profondità per cercare acqua e nutrimenti, ciò la rende più forte, più resistente e con una crescita diversa. Ma la chiave per l'unicità dell'Amarone passa anche dai vitigni autoctoni della Valpolicella, tra i quali il Corvino ne è sicuramente la "regina", egli fornisce infatti le fondamenta: struttura, corpo e acidità all'Amarone che conosciamo. Le altre varietà, sempre autoctone, come il Corvinone, il Rondinella, il Molinara e l'Oseleta sono meno noti ma sono tutti ingredienti importanti per il successo del mix finale (blend). Ognuno aggiunge un proprio gusto e una propria struttura.

NEGROAMARO Negroamaro (a volte scritto anche Negro amaro), è una varietà di uva nativa del Sud Italia, con crescita quasi esclusiva in Apulia e nel Salento (Regione Puglia). Questo vitigno produce un vino corposo, con un colore molto intenso vicino al nero, da qui il nome. I vini fatto con uvaggio Negroamaro hanno un carattere rustico, intenso. Sono vini che stanno ottenendo sempre maggiore successo anche fuori.

SANGIOVESE Il Sangiovese, lo potremmo definire la madre dei vini toscani. È infatti il vitigno più piantato in toscana e soprattutto nei vini Chianti. È un vino corposo dal colore rosso rubino. Un amico dei pasti, perfetto da bere a pranzo e a cena, 12-13° alcolici ma fresco nel gusto. Perfetto per carni, pasta, bolliti, insaccati (prosciutto, salame, ecc.). Il Sangiovese in Australia – è stato introdotto negli anni '60 e la sua popolarità è cresciuta nel tempo e non si è mai fermata. E' perfetto per un clima medio freddo come nella regione montuosa di Victoria, dal quale ottiene meravigliosi aromi che tendono alla prugna, ciliegia, frutti di bosco, cannella e caffé. Piantato nelle zone più calde come quelle di McLaren Vale offre varianti che tendono a fragola, cicliegia, prugne, catrame e note speziate. Il Sangiovese è un perfetto vino per l'invecchiamento, non a caso i Chianti Riserva ed i Super Tuscan vengono acclamati in tutto il mondo.

PINOT NOIR Il nome ha origine dalle due parole francesi "pino" e "nero", che si riferiscono al grappolo di uva, che all'apparenza assomiglia ad un Pino (con forma conica). Il Pinot Noir è un'uva con buccia sottile, che ottiene le migliori performance con clima fresco e ben esposto al sole. Cresce con grande facilità nelle zone della costa, come in Oregon, California, Burgundy (Francia), Germania e New Zealand. La zona di Burgundy è riconosciuta come il top per la produzione di Pinot Noir in tutto il mondo, salmone, cibi affumicati, funghi e formaggi, soprattutto quelli di capra.

BARBERA Il Barbera è la varietà maggiormente piantata in Piemonte (Italia). Viene considerato un buon vino, un cosiddetto "amico del cibo", perché è il perfetto vino da bere tutti giorni anche a pranzo. Ha un bel colore rosso scuro vivo, alta acidità e basso grado di tannino. Il Barbera negli ultimi 20 anni non è riuscito a stare al passo con il branding del Barolo, ha perso infatti un po' la sua immagine di grande vino, ma dobbiamo ricordare che il Barbera rimarrà per sempre un grande vino. Bere per credere! Il Barbera in Australia – a differenza dell'Italia, il Barbera ha conosciuto grande successo negli ultimi 15 anni in Australia, diventando il perfetto vino rosso per la calda estate australiana. Fruttato, con sentori di ciliegia, prugne, spezie, liquierizia, pepe nero. Piace molto perché ricorda il range dei vini di origine mediterranea ma ha un corpo meno pesante del Barolo ad esempio e riesce a far esplodere più profumi fruttati. Gli stranieri amano i vini fruttati, soprattutto il gentil sesso.

CANNONAU Il Cannonau di Sardegna è un vino rosso prodotto nella straordinaria isola italiana che si chiama Sardegna. Il vino prende il nome direttamente dal vitigno autoctono Cannonau, che dopo analisi è stato scoperto essere il vitigno Grenache (molto presente e famoso in Spagna). Il Cannonau di Sardegna è diventato famoso da non molto, infatti, fino a 10 anni fa lo conoscevano in pochi. Ha iniziato ad ottenere interesse non tanto per la qualità del vino (ottima ma non troppo diversa al Grenache) quanto invece per l'associazione tra vino e longevità degli abitanti sardi. Il fattore "longevità" ha portato in poco tempo la Sardegna ed il suo vino alla ribalta dei più importanti giornali del mondo. Negli Stati Uniti si è parlato molto di questo binomio e ovviamente la produzione e l'esportazione di questo vino hanno ricevuto grande beneficio.

SYRAH O SHIRAZ Veniva già coltivato all'epoca dei Romani nelle aree dell'odierno Iran. Lo Syrah è un vino rosso intenso, tendente al rosso scuro quasi nero, ha una buccia forte e spessa, eccelle anche nei climi molto caldi come in California, Australia, la valle Rhone in Francia (dove viene tagliato con la Grenache). Se volete assaggiare dei buoni Syrah, esistono anche in Italia, prodotti sia in Piemonte che in Sicialia. Mentre le varietà di Syrah cambiano di regione in regione, di stato in stato, esiste un'unica varietà chiamata "Shiraz" ed è quella dell'Australia, anche se la possiamo veder scritta anche con il nome di origine "Syrah". Usualmente ha aromi che tendono al pepe, alla vaniglia, alle more e alle spezie. Il Syrah è ideale per pasti a base di carni importanti e anche grasse, per un barbecue, arrosto, maiale, agnello, salsiccie, funghi, formaggi.

NERO D'AVOLA Il Nero d'Avola è il vino rosso più importante della Sicilia, ed è anche ritenuta una delle varietà autoctone più interessante. Il suo nome proviene da Avola, una piccola città nel sud est della Sicilia. I vini Nero d'Avola vengono paragonati spesso agli Shiraz Australiani, perché hanno molte cose in comune (probabilmente dovute ad un clima simile), come gli aromi di prugna, i retrogusti tendenti al pepe, il basso livello tanninico, Italia.

TEMPRANILLO Il Tempranillo è uno dei vini in piena ascesa nel versante mondiale. I dati degli ultimi anni mostrano che potrebbe diventare presto il vitigno con maggiori specie/varietà coltivate per ettaro. È un vino rosso con origini spagnole, è il componente principale per i famosi vini Rioja e Ribera del Duero. Cresce bene in vari climi, come si è potuto osservare negli ultimi 20 anni in California, Australia, Sud America, Turchia, Nuova Zelanda e Texas. È un vino che offre sentori di prugna, more, pelle, tabacco e note erbacee. È ideale per abbinamenti con formaggi, salsiccia, riso e piatti spagnoli come la Paella.

ZINFANDEL Lo Zinfandel è il vitigno maggiormente presente in California e nel Sud Italia, è usualmente utilizzato per produrre vini profondi, intensi, forti e veramente corposi. Lo Zinfandel è una varietà versatile, che viene utilizzata infatti per produrre anche vini da dessert, i rosé (White Zinfandel), i Beaujolais o i vini rafforzati in stile Porto. I vini Zinfandel americani, sono molto apprezzati ma variano la loro identità in base alla zona di produzione, al clima, all'età dei vigneti e alle tecniche di produzione, forse per questo non sono del tutto conosciuti fuori dagli Stati Uniti. Nello Zinfandel ideale, puoi trovare un leggero sentore di eucalipto, ciliegia, cannella (che indica la quercia francese), ribes e spezie. Puoi trovare anche piccoli accenni di mirtillo, vaniglia o carne secca. Si accompagna bene con i cibi semplici come: hamburger, pizza, cibo messicano o tailandese, salse barbecue dolci, salsicce, pomodori, tacchino, formaggi.

I VERMOUTH

Successivamente ai vini, tra i primi aperitivi storici troviamo i vermouth. Questo prodotto non è altro che vino al 75% (bianco fermo) con all'interno infusioni di erbe, aromi e spezie, tra cui vi è l'erba più importante ovvero l'assenzio. I vermouth più conosciuti sul mercato attualmente sono diversi.

VERMOUTH DRY Come spiega la parola stessa, questo è un vermouth secco, con una percentuale di zucchero che non supera mai il 12%. Generalmente viete utilizzato nei Martini's cocktails. Es. Vodka martini, Gin martini

VERMOUTH BIANCO È ottimo da bere liscio o in ghiaccio servito con una fettina di limone; è uno dei vermouth che le donne prediligono maggiormente, per il suo gusto dolce fresco e zuccherino. Il volume di zucchero deve corrispondere almeno al 14%.

VERMOUTH ROSSO Come il vermouth bianco, anche esso ha un valore di zucchero che deve essere minimo del 14% ma, rispetto alla versione bianca, in questa colorazione viene anche aggiunto il caramello.

Es. Sweet martini, negroni, americano

VERMOUTH ROSATO Sempre molto simile al vermouth bianco per quantità di zucchero e infusioni, quest'ultimo viene reso ancor più aromatico da note di pompelmo.

Ogni casa produttrice mette sempre del suo per rendere la propria ricetta inconfondibile e queste ricette molto spesso sono custodite con estrema riservatezza.

-Un'azienda famosissima di vermouth custodisce la sua ricetta originale in una cassaforte in Svizzera e solo 3 persone al mondo ne conoscono la combinazione-

I BITTER

I bitter sono famosissimi sicuramente per la loro storia, infatti molti sono stati creati come elisir di lunga vita da farmacisti del Medioevo e sono legati al mondo degli amari. Essi sono inoltre presenti sul mercato in vari sapori e con diverse infusioni. Tra i più famosi possiamo trovare:

ANGOSTURA Detto anche bitter aromatico, oggi è utilizzato in gocce per aromatizzare i drink, pratica applicata in tutto il globo. Anche se utilizzato come aromatizzante e correttore di cocktail, l'Angostura può anch'esso vantare un'origine medicinale comprovata; era utilizzato infatti per la cura delle infezioni intestinali e come febbrifugo dai soldati sudamericani. Il bitter era indicato anche per il mal di mare e vedremo come questa sua qualità sarà determinante per il suo successo. La paternità della ricetta è di un ufficiale medico di origine prussiana, Johann Gottlieb Benjiamin Siegert che, partito per il Sud America dopo essere stato ingaggiato dal presidente venezuelano Simon Bolivar, mise a profitto i suoi saperi legati alla grande tradizione tedesca degli amari. Dopo 4 anni di studi, nel 1824, il medico mise a punto il bitter, detto al tempo "Amargo Aromatico" e gli diede il nome di Angostura, città dove si era insediato. Il nome derivava dal porto che si contraddistingueva per l'angusto ingresso, che divenne il centro di scambio e commercio più importante del Venezuela e che fu ribattezzato nel 1846 Ciudad Bolivar, in onore del condottiero che la guidò all'indipendenza. Proprio grazie agli scambi commerciali, l'Angostura divenne famoso fra i marinai dei porti di tutto il mondo, che si curavano con le gocce del miracoloso amaro. E' composto da un'infusione di Casparia Febrifuga, chiodi di garofano, genziana, arance amare e rum, con una gradazione alcolica di 44 gradi. Molto originale è il pack con un'etichetta che avvolge completamente la bottiglietta, recante storia ed ingredienti del bitter. L'Angostura venne imbarcato dunque in qualità di medicinale sulle navi e largamente usato dai medici di bordo nella cura di svariati malanni. Il suo clamoroso successo venne determinato però dalla diffusione di un cocktail, una sorta di "signature drink" della Marina Reale Britannica. Essendo che il gusto amaro non era molto gradito, il medicinale venne somministrato insieme ad un ben più amato gin, il Plymounth, che aveva nel suo corredo anche una certa dolcezza. La modifica delle dosi creò successivamente il Pink Gin; questo, con poche gocce di Angostura, divenne il drink ufficiale della Royal Navy confermando anche il successo del bitter come aromatizzante.

Nel 1875 l'azienda di famiglia dell'Angostura venne spostata a Trinidad, dove aprirono un piccolo opificio a Port of Spain, da cui ebbe inizio la produzione che darà una carriera internazionale al bitter.

APEROL Appartiene alla famiglia dei bitter aperitivo e fu creato dalla famiglia Barbieri di Padova che lo presentò in occasione della Fiera Campionaria che si tenne nella città dei colli euganei nel 1919. La sua classificazione non è in realtà semplice per via delle sue caratteristiche. L'Aperol contiene infatti elementi amaricanti, come la genziana, alla base della ricetta, rabarbaro e scorze di arancia, adeguatamente bilanciati dallo zucchero e questo ne fa, al gusto, un bitter. Ma è anche l'aperitivo meno alcolico del mondo con i suoi 11°alcolici, e pertanto fuori dalla categoria liquori, in quanto la legislazione europea fissa in 15 gradi il minimo per esserlo. Grazie ad un efficace campagna pubblicitaria ed al grado alcolico contenuto, ottenne un rapido successo negli anni '50 e'60, che si protrae ancora oggi grazie alla riuscita del cocktail chiamato Spritz, recentemente incluso nei 60 cocktail internazionali   IBA.

La pubblicità degli anni '70 rimase insuperata in termini di efficacia ed originalità. Basata su un gioco di parole molto riuscito, vedeva degli attori recitare nello spot fino a che uno di loro non esordiva con un" Ahh…Aperol", toccandosi la fronte con il palmo della mano. Lo slogan ebbe un immediato successo e divenne un modo di dire utilizzato comunemente, in caso di dimenticanze e di rapidi lampi di memoria.

CAMPARI Il Bitter Campari appartiene alla tipologia "Liquore Amaro" e nacque nel   lontano 1860 ad opera di Gaspare Campari, barista e gestore del "Caffè   dell'Amicizia" a Novara. Le sue prime esperienze in questo campo e l'acquisizione del sapere dell'infusione risalgono alla sua adolescenza quando, poco più che quattordicenne, prestò servizio presso una prestigiosa liquoreria torinese oggi scomparsa.

Molti infatti ritengono che l'ispirazione per la nascita della ricetta del famoso aperitivo possa risalire a questo periodo. Nel 1904, vista l'ascesa del suo prodotto, decise di

trasferirsi a Sesto San Giovanni, in provincia di Milano, per aprire il suo stabilimento che poi sarebbe passato a suo figlio, Davide Campari.

PEYCHAUD BITTER La storia del Bitter Peychaud (thedrinkshop) è sicuramente una delle più importanti della storia del bar e della miscelazione; infatti ad essa dobbiamo la nascita della formulazione del primo cocktaill, universalmente riconosciuto, con il nome di Sazerac. I natali di questo bitter sono a New Orleans in Louisiana, terra di contrasti alla foce del fiume Mississippi. Il rimedio nacque come digestivo e antispastico del cavo digerente, curativo delle infezioni dello stomaco. Il bitter viene utilizzato anche con funzioni aperitive, unito ad alcolici ed un po' di zucchero, per ingentilire il gusto. Nel 1840 il suo bitter vide una distribuzione all'interno delle colonie e dell'Inghilterra proprio grazie al successo del suo bitter in quanto rimedio rispetto ad altri prodotti del periodo. Lo stesso Peychaud si rese conto che il suo bitter aveva quindi un doppio uso, sia come medicinale, sia come ingrediente di un primordiale cocktail in unione con il Cognac. Egli in seguito venderà la formula ad un uomo che di li a poco porterà al successo il suo prodotto, Thomas Handy.

ALCOLICO O SUPER ALCOLICO?

La maggior parte dei prodotti usati nell'ambito dell'aperitivi hanno una graduazione abbastanza bassa e raramente superano i 22 gradi. In questo paragrafo invece analizzeremo tutti quegli alcolici, meglio definiti super alcolici, che fungono da aperitivo pur avendo una graduazione alcolica anche di 40 grandi.

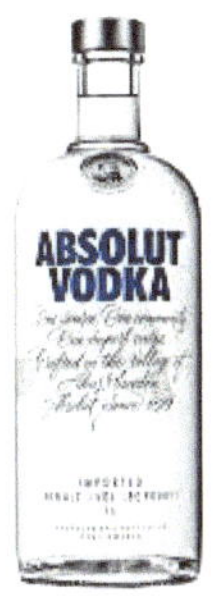

VODKA In origine prodotta dallo scarto di patate e solo dopo dai cereali, la vodka non è altro che un distillato di cereali neutro, cioè non aromatizzato, che presenta al suo interno un basso contenuto zuccherino. Si possono trovare varie etichette di vodka con i propri segreti e le vari filtrature e distillazioni; se il distillato presenta più distillazioni, sarà definito più puro.

GIN Anch'esso, come la vodka, è un distillato di cereali aromatizzato, però, alle bacche di ginepro e ad altre infusioni ed erbe aromatiche; ogni azienda, infatti, trasferisce al prodotto delle spezie e degli aromi diversi per renderlo unico.

TEQUILA Distillato derivante dal succo della pianta d'agave, coltivata in una zona specifica del Messico, può essere distillata attraverso alambicco continuo o discontinuo -patent stil o pot stil-.

RUM Distillato derivato dal succo della canna da zucchero, è presente in vari colori a seconda dell'invecchiamento.

Il whisky o whiskey è una bevanda alcolica, ottenuta dalla distillazione di un mosto fermentato composto da orzo ed altri cereali in percentuali variabili, maltati e non maltati, che viene successivamente invecchiata in botti di legno, generalmente di quercia. Tra questi possiamo trovare a seconda della provenienza:

SCOTH WHISKY Single malt ha una forte e caratteristica nota di torba mescolata all'erica. E' l'assemblaggio di botti provenienti dalla stessa distilleria. Solo così è consentito riportare il nome della distilleria sull'etichetta. Rappresenta tradizione e qualità.

BOURBON Ottenuto da una miscela costituita da mais per almeno il 51%; deve essere distillato non oltre l'80% di alcol in volume; deve essere naturale al 100%. Deve essere invecchiato in botti di quercia, nuove e tostate internamente per facilitare la penetrazione del distillato nel legno.

RYE Prodotto da segale 95%, malto d'orzo 5%. Presenta aroma e gusto grezzi e crudi. Si presta all'invecchiamento in fusti nuovi e bruciati internamente.

TENNESSE Costituito da una base comprendente almeno il 51% di mais (tipicamente l'80%), orzo e segale. Di colore dorato il Tennessee whiskey è caratterizzato dalla tipica filtrazione con carbonella di acero bianco del Tennessee dopo la distillazione.

MAPPICETTARIO

Dopo avervi dato un'infarinatura generale dei prodotti aperitivi, della funzione che essi debbano avere per essere definiti tali, ora vi presentiamo il ricettario di drink e cocktails aperitivi e non, provenienti da tutto il mondo (o quasi); in questo viaggio ci inoltreremo alla scoperta di 26 paesi diversi e degusteremo oltre 90 delle loro ricette da quelle più conosciute a quelle meno comuni.

 **ITALIA**

SPRITZ

Bicchiere: calice
Categoria: aperitivo
Tecnica: on the rocks
Ingredienti:
5 cl aperol
10cl prosecco
top soda
decorazione: fettina d'arancia

SPRITZ VENEZIANO

Bicchiere: calice
Categoria: aperitivo
Tecnica: on the rocks
Ingredienti:
5 cl di aperol
10 cl di vino bianco fermo
top soda
decorazione: arancia

PIRLO

Bicchiere: calice
Categoria: aperitivo
Tecnica: on the rocks
Ingredienti:
vino bianco fermo allungato
                con acqua frizzante

MILANO-TORINO

Bicchiere: medium
Categorie: aperitivo
Tecnica: on the rocks
Ingredienti:
5cl di vermouth rosso
5cl di bitter campari
decorazione: arancia e scorza di limone

NEGRONI

Bicchiere: tumbler basso
Categoria: aperitivo
Tecnica: on the rocks
Ingredienti: 3cl gin, 3 cl vermouth rosso,
3cl bitter campari
decorazione: scorza d'arancia e fettina d'arancia

AMERICANO

Bicchiere: medium, tumbler basso
Categoria: aperitivo
Tecnica: on the rocks
Ingredienti: 5 cl vermouth rosso ,5cl bitter campari, top soda
Decorazione: fettina d'arancia

GARIBALDI

Bicchiere: tumbler alto
Categoria: aperitivo /tutte le ore
Tecnica: on the rocks
Ingredienti: 6 cl bitter campari,
top succo d'arancia
Decorazione: fettina d'arancia

CAMPARI SODA

Bicchiere: medium
Categoria: aperitivo
Tecnica: on the rocks
Ingredienti: campari 5 cl,
top soda
Decorazione: arancia

BELLINI

Bicchiere: flûte o coppa champagne
Categoria: aperitivo
Tecnica: direttamente nel bicchiere
Ingredienti: nettare di pesca,
top prosecco
Decorazione: pesca

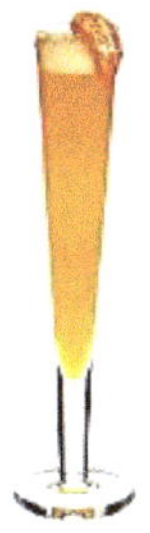

PUCCINI

Bicchiere: flûte o coppa champagne
Categoria: aperitivo
Tecnica: direttamente nel bicchiere
Ingredienti: purea al mandarino,
top prosecco
Decorazione: mandarino

MIMOSA

Bicchiere: flûte o coppa champagne
Categoria: aperitivo
Tecnica: direttamente nel bicchiere
Ingredienti: succo d'arancia,
top prosecco
Decorazione: arancia

ROSSINI

Bicchiere: flûte o coppa champagne
Categoria: aperitivo
Tecnica: direttamente nel bicchiere
Ingredienti: pure di fragole,
top prosecco
Decorazione: fragola

FRANCIA

KIR CASSIS
Bicchiere: flûte o coppa champagne
Categoria: aperitivo
Tecnica: direttamente nel bicchiere
Ingredienti: liquore ai ribes nero,
top vino bianco fermo
Decorazione: ribes

KIR FRAGOLA
Bicchiere: flûte o coppa champagne
Categoria: aperitivo
Tecnica: direttamente nel bicchiere
Ingredienti: liquore alle fragole,
top vino bianco fermo
Decorazione: fragola

29

KIR FRAMBOISE
Bicchiere: flûte o coppa champagne
Categoria: aperitivo
Tecnica: direttamente nel bicchiere
Ingredienti: liquore al lampone,
top vino bianco fermo
Decorazione: lampone

KIR MURE
Bicchiere: flûte o coppa champagne
Categoria: aperitivo
Tecnica: direttamente nel bicchiere
Ingredienti: liquore alle more,
top vino bianco fermo
Decorazione: mora

KIR ROYALE
Bicchiere: flûte o coppa champagne
Categoria: aperitivo
Tecnica: direttamente nel bicchiere
Ingredienti: champagne e varianti del kir

RICARD
Bicchiere: tumbler alto
Categoria: aperitivo
Tecnica: in ghiaccio
Ingredienti: Ricard, acqua naturale

PANACHÉ

Bicchiere: da birra
Categoria: aperitivo
Tecnica: direttamente nel bicchiere
Ingredienti:10 cl di bevanda frizzante al limone,
top birra bionda

MONACO

Bicchiere: da birra
Categoria: aperitivo
Tecnica: direttamente nel bicchiere
Ingredienti: 2 cl di granatina,
top birra bionda

 **SPAGNA**

SANGRIA

Bicchiere: bowl

Categoria: aperitivo

Tecnica: direttamente nel bicchiere, macerazione

Ingredienti: 2 bottiglie di vino rosso fruttato di media qualità,

2 mele

2 pesche

1 limone

1 arancia 1 lime

lamponi

cannella e chiodi di garofano

10 cl di Porto

6 cl di sherry

10 cl di brandy

menta, opzionale

tagliare il tutto nella bowl e lasciare immerso nel vino per 24 ore , dopo filtrare il tutto
e sostituire la frutta lasciata a macerare con frutta nuova Decorazione: frutta

TINTO DE VERANO
Bicchiere: calice da vino
Categoria: aperitivo
Tecnica: on the rocks
Ingredienti: 10 cl vino rosso,
2 cl di brandi,
top lemon soda
Decorazione: arancia e limone

AGUA DE VALENCIA
Bicchiere: ballon
Categoria: tutte le ore
Tecnica: on the rocks
Ingredienti: 5 cl di gin, 2 cl di brandy, 10 succo d'arancia fresca,
top prosecco
Decorazione: arancia

VODKA MARTINI
Bicchiere: coppa martini
Categoria: aperitivo
Tecnica: stir&strain
Ingredienti: 5 cl di vodka,
2 cl di vermouth dry
Decorazione: olive

GIN MARTINI
Bicchiere: coppa martini
Categoria: aperitivo
Tecnica: stir&strain
Ingredienti: 5 cl di gin,
2 cl di vermouth dry
Decorazione: 2 olive

GIN & FRENCH

Bicchiere: coppa martini
Categoria: aperitivo
Tecnica: stir&strain
Ingredienti: 5 cl di gin,
2 cl di vermouth dry
Decorazione: buccia di limone

GIN & IT

Bicchiere: coppa martini
Categoria: aperitivo
Tecnica: stir & strain
Ingredienti: 5 cl di gin,
2 cl di vermouth rosso
Decorazione: buccia d'arancia

VODKA SODA

Bicchiere: tumbler basso
Categoria: tutte le ore
Tecnica: on the rocks
Ingredienti: 5 cl vodka,
top soda
Decorazione: limone

Variante: con splash crunberry

GIBSON

Bicchiere: coppa martini
Categoria: aperitivo
Tecnica: stir&strain
Ingredienti: 5 cl di gin,
2 cl di vermouth dry
Decorazione: cipollina

APPLETINI

Bicchiere: coppa martini
Categoria: dopo i pasti
Tecnica: shake & strsin
Ingredienti :4 cl di vodka,
2 cl di succo di limone,
2 cl di liquore alla mela verde,
2 cl di succo di mela verde,
2 cl di zucchero
Decorazione: spicchi di mela

VODKA TONIC

Bicchiere: tumbler alto
Categoria: aperitivo
Tecnica: on the rocks
Ingredienti: vodka 5 cl,
top tonica
Decorazione: lime

CESAR

Bicchiere: tumbler alto/tall
Categoria: aperitivo
Tecnica: shake&strain
Ingredienti: sale, pepe , salsa woldchestere , vodka 5cl,
2cl succo di lime, 1 cl zucchero,
top succo pelati
Decorazione: sedano e lime

COSMOPOLITAN

Bicchiere: coppa martini
Categoria: dopo i pasti
Tecnica: shake&strain
Ingredienti: vodka 5cl, cointreau 1,5cl,
2cl succo di lime, 1,5cl zucchero liquido, 2cl succo cranberry
Decorazione: spicchio di lime

GIN TONIC

Bicchiere: tumbler alto o ballon
Categoria: aperitivo
Tecnica: on the rocks
Ingredienti: 5 cl gin,
top tonica
Decorazione: limone, spezie

BLOODY MARY

Bicchiere: tumbler alto
Categoria: aperitivo
Tecnica: shake&strain
Ingredienti: 4 cl vodka
top succo di pomodoro
sale qb
pepe qb
tabasco
salsa worchestershire
Decorazione: olive, sedano, limone, crustas di sale

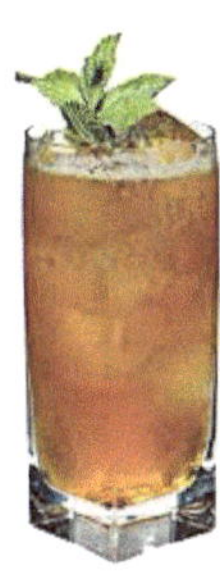

PIMM'S
Bicchiere: tumbler alto
Categoria: aperitivo/ tutte le ore
Tecnica: the rocks
Ingredienti: pimm's n 1 5 cl
2 fettine di limone, 2 fettine d'arancia, 2fettine cetriolo,
top limonata
Decorazione: cetriolo, arancia, menta

VINHO VERDE

Di tutti i drink portoghesi sicuramente il vinho verde è il preferito dell'estate. Questo vino leggermente frizzante va bevuto freddo ed è ideale nei giorni più caldi. Anche se si chiama verde lo si può trovare di due tipi: rosso o bianco; il nome deriva dal fatto che va bevuto molto giovane. Una bottiglia di vinho verde è generalmente molto più economica degli altri vini, il che lo rende molto amato dagli studenti Erasmus in Portogallo. Raccomandiamo di farne una bella scorta se organizzerete un barbecue quest'estate, e assicuratevi che sia molto, molto freddo

GINJINHA

Si tratta di un liquore denso e dolce fatto con le ciliege, una tradizione nata nel centro del Portogallo 200 anni fa. La si può bere in un bicchiere normale, come tradizione vuole, oppure si può chiedere un bicchierino fatto di cioccolato. Bevi e mangi il bicchiere, con le eventuali ciliege rimaste sul fondo, e sarà come mangiare un grosso Mon Chéri. La maggior parte dei bar, soprattutto i più tradizionali, servono la Ginja, ma noi consigliamo il piccolo bar situato in fondo alle scale della stazione di Rossio: Ginjinha do Carmo. È il posto perfetto per uno stop prima della salita che porta alla vivace vita notturna del Bairro Alto.

PONCHA DE MADERA

Bicchiere: tumbler alto
Categoria: dopo i pasti
Tecnica: shake&strain
Ingrediente: 2 cucchiaini di miele
6 cl di aguardiente
3 cl di succo di limone
5 cl di succo di arancia
2 cl di zucchero liquido
Decorazione: buccia di arancia

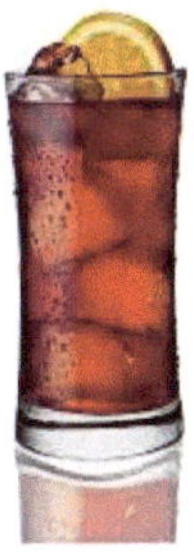

CALIMOCHO

Bicchiere: calice da vino o tumbler
Categoria: tutte le ore
Tecnica: on the rocks
Ingredienti: 10 cl vino rosso
10 cl di coca cola
Decorazione: arancia e limone

TÈ GHIACCIATO ALLA PESCA

Ingredienti: 2 pesche; 1 bottiglia di Sprite; 1,5 lt. di acqua purificata; foglie di menta peperita

Preparazione

Sbucciare e fare a pezzetti la pesca. Refrigerare per diverse ore la Sprite e nel frattempo immergere in un contenitore i pezzi di pesca nell'acqua purificata per 10 minuti. Scolare l'acqua, conservandola in una ciotola, e mettere da parte i ritagli di pesca. Prenderne alcuni, scolarli e tagliarli di nuovo fino ad avere piccoli frammenti da mettere da parte. I restanti, invece, farli sbollentare in acqua e, una volta ammorbiditi, metterli in un recipiente insieme a dell'acqua molto fredda per qualche minuto. Prendere uno stampo per ghiaccioli e riempirlo con la soluzione ottenuta (i pezzetti di pesca in ammollo nell'acqua fredda) aggiungendo qualche fogliolina di menta spezzettata. Tenere in congelatore per almeno 2 ore.

Assemblaggio del cocktail: riempire un bicchiere per 1/3 con la Sprite ben fredda e per 1/3 con acqua di pesche conservata nella ciotola. Aggiungere quindi i ritagli di pesca precedentemente messi da parte e i cubetti di ghiaccio che si sono formati. Guarnire con foglie di menta.

VIN BRULÉ AL LAMPONE Un buon bicchiere di vin brulé è sempre gradito in inverno. Con le gelide correnti di aria secca che sferzano nella capitale cinese da dicembre a marzo non è raro trovare riparo in qualche bar fra i vicoletti tradizionali, dove spesso i giovani si ritrovano per sorseggiare bevande calde e chiacchierare del più e del meno.
Durane il Capodanno questa bevanda è in grado di conferire un tocco "speciale" a tutta la cena!
Ingredienti
1 bottiglia di vino rosso; 1 limone; lamponi; zucchero bianco; chiodi di
garofano; cannella; rosmarino

Preparazione
Preparare gli ingredienti principali ben lavati, inclusi i lamponi precedentemente scongelati, se non freschi. Inserire nella buccia del limone i chiodi di garofano, tagliare il limone a metà e metterlo all'interno di una pentola insieme al vino rosso, alla cannella, al rosmarino e allo zucchero. Mescolare delicatamente e far bollire a fuoco lento per una quarantina di minuti finché l'aroma del vino non sarà perfettamente in accordo con la fragranza dei lamponi e del limone. Servire ben caldo in una tazza!

SCIROPPO DI PAPAYA CON FUNGHI

Simile all'arancia, la papaya nella tradizione cinese rappresenta l'oro. Molto amata nella medicina tradizionale cinese, serve a tonificare il qi ed è utilizzata per regolare la circolazione sanguigna. Ricca di vitamine, è molto dolce ma ipocalorica e aiuta a disintossicare il corpo dalle tossine!

Ingredienti
mezza papaya; 3 piccoli fiori di funghi tremella bianca; lici;
50 g di zucchero

Preparazione
Lavare bene e più volte i fiori di tremella. Sbucciare e tagliare a pezzi la papaya e metterla in una casseruola con acqua insieme ai funghi. Cuocere per 30 minuti, aggiungere lo zucchero e cuocere per altri 30 minuti. Aggiungere i lici e lasciar andare sul fuoco per 5 minuti. Raffreddare e servire in una tazza!

SAKÉ

Partiamo con quella che forse è la bevanda più nota fuori dai confini dell'arcipelago. Il saké, detto anche nihonshu, è ricavato dalla fermentazione di acqua, riso e lievito di Koji bianco e raggiunge una gradazione intorno al 10-20%. Può essere bevuto sia caldo che freddo (e vale la pena di provare entrambi perché il gusto varia molto) e non ha un procedimento di invecchiamento come il vino. Infatti dopo un periodo iniziale di 6 mesi, va consumato; quindi se si vuole acquistarlo è meglio sceglierne uno imbottigliato nel corso dell'ultimo anno. Ovviamente esistono moltissime qualità di saké, che variano in base al grado alcolico e al tipo di riso; al top c'è il Junmai Daiginjo-shu, fermentato con un processo molto preciso e delicato. Bere saké fa subito sentire parte integrante del Sol Levante e sembra anche che i postumi della sbornia siano lievi, soprattutto se si consuma un prodotto di qualità.

SHOCHU Un liquore originario del Kyushu, prodotto dalla fermentazione di riso, patata dolce, grano e/o canna da zucchero, ha un contenuto alcolico di circa 20-40%. Usato come base per altri liquori (come lo chuhai e l'umeshu), può essere consumato puro oppure mescolato ad altre bevande: con acqua e ghiaccio, tè oolong, succhi di frutta, soda e così via. Nei negozi è facile trovarlo in coloratissime bottiglie, che lo rendono un ottimo souvenir; ma i giapponesi lo adoperano molto anche per produrre bevande alcoliche casalinghe. Insomma il suo punto di forza è proprio la sua estrema versatilità.

CHUAI Il nome deriva dalla fusione dei termini shochu e highball (un cocktail molto amato dai giapponesi, i cui ingredienti sono whisky e soda). Contiene infatti shochu e soda ed è aromatizzato ai gusti più disparati: ume, limone, pompelmo, pesca, lime, ananas e kiwi sono solo alcuni. Con una gradazione che varia dal 3-4 al 9,6%, è molto amato soprattutto d'estate e consumato in grandi quantità all'aperto, come piacevole variante della solita birra. Potrebbe essere quindi utile se volete fare conoscenze nuove....

L'UMESHU L'umeshu è il tipico liquore fatto in casa, ma si può trovare senza problemi in quasi tutti gli izakaya. La ricetta base è semplice: basta prendere 1 Kg di prugne ume, 500 g-1 Kg di zucchero e 1,8-2 litri di shochu, mettere tutto in una bottiglia e lasciare riposare al buio per almeno tre mesi (ma pare sia meglio aspettarne sei) e il gioco è fatto! L'umeshu ha un sapore dolce e può essere gustato in molti modi: come vino da dessert, come aperitivo, on the rocks, con soda e acqua tonica o all'interno di un cocktail. Con una gradazione di alcol intorno al 10-20%, può accompagnare bene una serata fra amici.

WHISKY In meno di un secolo e con poche distillerie sparse sul territorio, il Giappone è riuscito a diventare il numero uno nella produzione mondiale di whisky, tanto che nel 2015 lo Yamazaki Single-Malt ha vinto il premio come "Migliore whisky del Mondo". La storia di come il whisky sia arrivato in Giappone è stata perfino oggetto di uno sceneggiato di grande successo! "Massan" infatti racconta la storia di Masataka Taketsuru, che nel 1918 andò in Scozia per conoscere i segreti della distillazione e tornò con una moglie scozzese, Jessie Cowan, e tutto il necessario per fondare la distilleria Yamazaki alla periferia di Kyoto nel 1923, insieme al suo socio Shinjiro Torii. Più tardi Taketsuru si trasferì in Hokkaido e lì aprì da solo una seconda distilleria, chiamata Yoichi. Entrambe sono ancora attive al giorno d'oggi, anche se ora si chiamano rispettivamente Suntory e Nikka, e producono le migliori qualità di whisky di tutto l'arcipelago.

KVAS

Se vi sembra strana l'idea di preparare una bibita usando del pane, dovreste ricredervi e provare il kvas russo. È la bevanda più antica del Paese, se si esclude l'acqua ovviamente, ed è incredibilmente rinfrescante durante l'estate. Il kvas è fatto con acqua e pane di segale. Si possono anche aggiungere erbe e frutta per insaporirlo, e può essere lievemente alcolico.

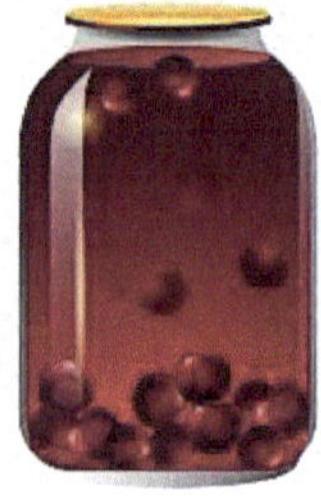

KOMPOT
Ingredienti:
2 gambi da rabarbaro
1 litro di acqua
10 fragole
5-6 albicocche
3-4 pesche noci
Preparazione:
versare 1l d'acqua in un pentolino, tagliare in piccolo pezzi la frutta e versare tutto all'interno , portare l'acqua a ebollizione. lasciare raffreddare il tutto per due ore e servire la bevanda in ghiaccio senza filtrare.

SBITEN

1l di acqua naturale

20 g di miele

2 cucchiaini di marmellata di arance 1 stecca di cannella

1 chiodo di garofano

un pizzico di noce moscata (in polvere)

un pizzico di pepe nero (in polvere)un pizzico di zenzero (in polvere)

un pizzico di curcuma (in polvere)

procedimento: prendere un pentolino e portare l'acqua in ebollizione con tutti gli ingredienti all'interno, filtrare il tutto e bere il tutto caldo.

 CUBA

MOJITO
Bicchiere: tumbler alto
Categoria: tutte le ore
Tecnica: stir, swizzle
Ingredienti: rum havana 3,5 cl ramoscello di menta
3 cl di succo di lime
zucchero bianco di canna (2 cucchiaini) top acqua frizzante
Decorazione: foglie di menta e lime

PINA COLADA
Bicchiere: noce di cocco o tumbler alto Categoria: tutte le ore
Tecnica: shake&strain
Ingredienti: rum bianco 5 cl
succo d'ananas
purea di cocco
latte di cocco
float rum scuro
Decorazione: spicchio ananas e cocco

CUBA LIBRE

Bicchiere: tumbler alto
Categoria: tutte le ore
Tecnica: on the rocks
Ingredienti:
5 cl rum bianco
0,5 cl succo di lime
rondelle di lime a strati tra il ghiaccio,
top cola

Decorazione: fettine di lime

HAVANA SPECIAL

Bicchiere: tumbler basso
Categoria: tutte le ore
Tecnica: shake&strain
Ingredienti :5 cl di rum bianco
1 cl di liquore al maraschino
top succo d'arancia
Decorazione: buccia d'arancia

 **BRASILE**

DAIQUIRI
Bicchiere: coppa martini
Categoria: tutte le ore
Tecnica: frozen / shake&strain
Ingredienti: rum bianco 5 cl
Succo di lime 2,5cl
Zucchero 2 cl
Decorazione: fettine di lime e buccia d'arancia
        (per la versione frozen, versare tutti gli ingredienti nel blender)

CAIPIRINHA
Bicchiere: tumbler alto o bicchiere da 30 cl
Categoria:tutte le ore
Tecnica : pestato
Ingredienti :
1 lime sbucciato
cachaca 5 cl
2 cucchiaini di zucchero bianco di canna ghiaccio tritato

GUARANITHA

Bicchiere: coppa cocktail
Categoria: tutte le ore
Tecnica: shake&strain
Ingredienti: 4 cl rum bianco
2 cl di triple sec
1 cl di succo di lime
1 cl di sciroppo di guarana
Decorazione lime o ciliegina

GUARAPPINO

Bicchiere: tumbler basso
Categoria: tutte le ore
Tecnica: shakera&strain
Ingredienti:
4 cl cachaca
2 cl crema cacao
2 cl crema di latte
1 cucchiaino di polvere di guarana

 **R. DOMENICANA**

MAMAJUANA

Bevanda tipica domenicana, ritenuta dalla popolazione altamente afrodisiaca ma al tempo stesso molto facile da preparare. In una bottiglia piena per metà di rum bianco, aggiungere un'altra metà di vino e lasciare a macerare per una settimana il vino e il rum con le erbe aromatiche, solitamente cannella, maguei, canelilla, timacle, marabeli, guayacàn, clavo, dulce, anis, pasas e pega palo. Per tutto il tempo di macerazione la bottiglia non deve mai essere coperta con il tappo.

RUM SWIZZLE
Bicchiere: tumbler basso
Categoria: tutte le ore
Tecnica: on the rocks
Ingredienti:
6cl rum 7 anni
2cl miele
2cl succo di lime
Decorazione arancia, ciliegina e swizzle stick

BARBADOS COCKTAIL
Bicchiere: coppa cocktail
Categoria: tutte le ore
Tecnica: shake&strain
Ingredienti:
rum 3 anni 5 cl
1 cl zucchero liquido
5 cl acqua di cocco
1 cl crema di cocco
spolverata noce moscata
decorazione: cocco a scaglie

MAI TAI
Bicchiere: zombie o tiki o tulipano
Categoria: tutte le ore
Tecnica: shake&strain
Ingredienti:
4 cl rum bianco
2 cl rum scuro
2 cl rum overproof
1 cl granatina sciroppo
2 cl succo di lime
2 cl sciroppo d'orzata
decorazione: menta e spicchi di lime, ananas

SCORPION
Bicchiere: tulipano o tiki
Categoria: tutte le ore
Tecnica: shake&strain
Ingrediendi:
5 cl rum bianco
2 cl cognac
1 cl orzata
5 cl succo d'arancia
2 cl succo di lime
Decorazione: fetta di papaya o fetta d'arancia, menta

ZOMBIE

Bicchiere: tulipano o tiki
Categoria: tutte le ore
Tecnica: shake&strain
Ingredienti:
 4 cl rum gold
4 cl rum jamaicano
2 cl rum overproof
2 cl succo di lime
1 cl falernum
2 cl zucchero liquido
6gocce angostura bitter
1 cl granatina
Decorazione: ciliegina, arancia, menta

JAMAICAN JULEP

Drink ottimo per la condivisione,
prendere un bicchiere o recipiente da 1l e mettere 20 g di zucchero bianco, metà
ananas tagliata a cubetti, 10 foglie di menta, riempire il tutto di ghiaccio e aggiungere:
20 cl di rum e il restante di succo d'arancia e ananas. (si può aggiungere anche papaya
o frutta tropicale a piacimento) servire ben freddo

JAMAICAN MULE

Bicchiere: tumbler basso
Categoria: tutte le ore
Tecnica: on the rocks
Ingredienti:
5 cl jamaican rum
1,5cl succo di lime
1cl di miele
top ginger beer
decorazione: lime e zenzero

GENEVER DAYSI

Bicchiere: coppa martini
Categoria: dopo i pasti
Tecnica: shake&strain
Ingredienti: 6 cl di jenever
1,5cl di succo di limone
2cl di zucchero liquido
1,5cl di triple sec

Decorazione: buccia di limone

THE ORIGINAL COCKTAIL

Bicchiere: tumbler basso
Categoria: dopo i Pasti
Tecnica: on the rocks
Ingredienti:
6cl Jenever (gin olandese)
1 zolletta di zucchero
2 gocce di angostura
Splash acqua frizzante
Decorazione buccia d'arancia
(preparare come un old fashion)

THE IMPROVED HOLLAND
Bicchiere: coppa martini
o coppa cocktail
Categoria: dopo I pasti
Tecnica: shake&strain
Ingredienti:
jenever 5 cl
2cl di zucchero liquido
2 gocce di angostura bitter
1 cl di assenzio
Decorazione: menta

 **ARGENTINA**

BUENOS AIRES ZOMBIE
Bicchiere: tiki
Categoria: dopo i pasti
Tecnica: shake&strain
Ingredienti: 1,5 cl rum bianco
1,5 Gold rum
1,5 triple sec
angostura bitter 2 gocce
1 passion fruit fresco
menta fresca
sciroppo lemon grass
Decorazione: passion fruit, menta , lemon grass (a seconda del bicchiere)

THE JOCKEY CLUB
Bicchiere: coppa martini
Categoria: dopo i pasti
Tecnica: shake&strain
Ingredienti:
5 cl gin
2cl succo di limone
1cl zucchero liquido
1 goccia angostura
2 gocce orange bitter
1cl liquore alle nocciole
Decorazione: buccia di limone

DIA DE CAMPO
Bicchiere: tazza da te o tazza tipica argentina

Categoria: dopo i pasti
Tecnica: infusione in una teiera con filtro
 In un padellino inserire:
bucce d'aranica, apricot brandy, yerba mate, 2 cl di zucchero liquido, bucce di
pompelmo, riscaldare il tutto e servire come fosse un the caldo. (se non è bevuto con
l'apposita cannuccia con filtro, prima filtrare il tutto)

 **CILE**

KLAUSSY
Bicchiere: tumbler basso o bicchiere in legno
Categoria: dopo I pasti
Tecnica: affumicato, shake&strain
Ingredienti:
Gin infuso al peperone 5 cl
1 cucchiaino di wasaby
infuso di tè verde matcha,
1 cl di miele,
affumicate con cannella
decorazione: cannella buccia d'arancia, menta, peperone

PISCO & TONIC

Bicchiere: tumbler alto o ballon
Categoria: tutte le ore
Tecnica: on the rocks
Ingredienti:
5 cl di pisco
top acqua tonica
Decorazione: fettina di arancia e cannella

PISCO SOUR
Bicchiere: coppa martini o coppa cocktail
Categoria: dopo i pasti
Tecnica: shake&strain
Ingredienti:
4 cl di pisco
3 cl di succo di limone
2cl di zucchero liquido
1 bianco d'uovo
2 gocce di angostura amarango

CHACHA SOUR

Bicchiere: tumbler basso
Categoria: dopo i pasti
Tecnica: shake&strain
Ingredienti:
4 cl di chacha
2,5 cl di succo di limone,
1,5cl zucchero liquido
2 gocce angostura
float vino rosso
decorazione buccia di limone

FOUNDER CHACHA

Bicchiere: tulipano o tumbler alto Categoria: dopo i pasti
Tecnica: shake&strain
Ingredienti:
5 cl chacha o grappa
2 cl aperol
2cl pompelmo rosa
1,5cl di lime
1,5cl di arancia
zucchero 1 cl
Decorazione: buccia di limone o menta

GERMANIA

SAVOY AFFAIR

Bicchiere: zombie o 40 cl
Categoria: dopo i pasti
Tecnica: shake&strain
Ingredienti:
3 cl di brandy
. cl succo passion fruit
. cl succo d'ananans
liquore alle fragole 1 cl
top champagne

Decorazione: bordo di zucchero, fragola.

JAGERBOMB

lo jagerbomb originale prevede un bicchiere da shot pieno di jagermaister immerso dentro una birra bionda da 50 cl, solo dopo la birra è stata sostituita dal noto energy drink VARIANTE:

U-BOOT (sostituire lo jager con vodka)

JAGEERTE

Bicchiere: tumbler basso
Categoria: dopo i pasti
Tecnica: infusione
Ingredienti:
3cl di rum gold
4 cl vino rosso,
1 cucchiaio di tè nero,
1 cl di brandy,
riscaldare il tutto e filtrare,
bere come un tè caldo
Decorazione:
bordo di zucchero, buccia di limone, menta, cannella

 **GRECIA**

POINT

Bicchiere: coppa champagne
Categoria: dopo i pasti
Tecnica: direttamente nel bicchiere
Ingredienti:
1 cl di kitron (liquore al limone)
vino bianco greco
Decorazione: buccia di limone

OUZO SOUR

Bicchiere: coppa champagne o tumbler basso
Categoria: dopo i pasti
Tecnica: shake&strain
Ingredienti:
ouzo 5 cl
2cl limone
1,5cl zucchero liquido
1 albume d'uovo.
Decorazione: buccia di limone, chiodi di garofano

MANHATTAN MEDITERRANEO

Bicchiere: coppa martini
Categoria: dopo i pasti
Tecnica: stir&strain
Ingredienti:
5 cl di raki (liquore simile alla grappa)
2 cl vermouth rosso
2 gocce di angostura bitter
Decorazione: ciliegina

GREEK COLLINS
Bicchiere: tumbler altro
Categoria: dopo i pasti
Tecnica: shake&strain
Ingredienti:
5 cl tsipouro (distillato di vinaccia)
1,5cl succo di limone
1cl sciroppo di vaniglia
top soda
Decorazione: stecco di vaniglia, limone

MALESIA

LENG CHEE KANG
Bicchiere: ciotola
Categoria: dopo i pasti
 Preparare come un thè, aggiungere dentro al filtro da te:
semi di loto, noci di malva, cachi secchi, semi di basilico, menta. scaldare il tutto e
filtrare se preferite.

CINCAU
Bicchiere: tulipano
Categoria: tutte le ore
Tecnica: shake&strain
Ingredienti:
2cl sciroppo alle rose
10 cl di latte
1 cl latte condensato
top acqua frizzante
(variante alcolica con aggiunta di 2 cl di vodka e liquirizia)

JAMU

Bicchiere: bottiglia
Categoria: dopo i pasti
Ingredienti:
1 litro d'acqua
125g di radice di curcuma
20 g di zenzero
3cl di lime
2 cucchiaini di miele
preparare come una tisana, prima sbucciare e pulire le radici e dopo tritare e mettere tutto in infusione per 20 minuti, far raffreddare e filtrare il tutto prima di imbottigliare. Una volta pronto si può usare in aggiunta alle nostre bevande preferite, latte, succhi di frutta, cocktail.

ARAK BUCK

Bicchiere tumbler
Categoria: dopo i pasti
Tecnica: shake&strain
Ingredienti:
Arak: 5 cl
1 cl di triple sec
2 cl succo di lime
top ginger ale
Decorazione: spirale di limone

ARAK

Bicchiere: tumbler alto
Categoria: tutte le ore
Tecnica: shake&strain
Ingredienti:
5 cl arak liquore al gusto anice
2,5 cl succo di lime
2 cl di miele
top aqua naturale
Decorazione: fettina di lime

 **VENEZUELA**

VENEZUELA LIBRE

Bicchiere: tumbler alto
Categoria: dopo i pasti
Tecnica: on te rocks
Ingredienti:
2 cl rum bianco
2 cl gin
1,5cl succo di lime
top coca cola
Decorazione: menta, limone

VENEZUELANO

Bicchiere: calice o bicchiere similare
Categoria: aperitivo
Tecnica: stir & strain
Ingredienti:
3 cl vino porto
2 cl cognac
2 cl gin
splash succo di limone
decorazione: buccia d'arancio, buccia di limone , buccia di mandarino, menta

 **YEMEN**

CAFFE ALLO ZENZERO

Ingredienti:
30 g di polvere di caffe
20 g di zucchero
7 g di radice di zenzero macinata.
Preparazione:
versare tutti gli ingredienti in un pentolino, una volta che tutto il preparato inizia a bollire, toglierlo da fuoco e farlo raffreddare, una volta raffreddato ripetere la stessa operazione per altre due volte. Dopo la terza volta che abbiamo tolto dal fuoco il nostro preparato, aspettare qualche minuto per far depositare la polvere di caffe e lo zenzero sul fondo e poi servire come un normale caffè.

 **UNGHERIA**

PALINKA & TONIC

Bicchiere: tumbler basso
Categoria: dopo i pasti
Tecnica: direttamente nel bicchiere Ingredienti:
4 cl di palinka (liquore alla frutta generalmente pesca , prugna, albicocca) top tonica
Decorazione: fettine di limone o lime

MACIFRÖCCS

non è altro che l'alternativa del nostro spritz, si tratta di prendere un vino frizzante e aggiungere dello sciroppo al lampone

FÉNY

drink molto particolare ma semplice al tempo stesso:
prendere un sifone per soda e riempirlo di vodka, una volta che abbiamo aggiunto
l'anidride carbonica alla vodka, versare in un bicchiere con ghiaccio e aggiungere dello
sciroppo al lampone.

TÖRLEY

Bicchiere: coppa chamapagne
Categoria: aperitivo
Tecnica: direttamente nel bicchiere
Ingredienti:
Champagne (rigorosamente TORLEY) a riempire
1 cl di sciroppo al lampone

Ringrazio in particolare la vita, che mi ha dato modo di conoscere tanta gente e immergermi nel mondo, perché qualsiasi cosa si faccia che sia il bartender, lo scrittore o lo scienziato credo che la cosa più importante che ci accomuna sia la quantità di cose belle che il mondo ha da offrirci con la sua cultura e i suoi usi diversi da nazione a nazione , ma che troppo spesso dimentichiamo di goderci o addirittura osservare.

Vi auguro di potere viaggiare tanto e sperimentare sulla vostra pelle una sensazione nuova ogni volta

Con affetto il vostro Bartender di fiducia

VL

9 798631 116573